Impressum
Verlag: BABADADA GmbH, Nedderfeld 112 , 22529 Hamburg
Geschäftsführer / Verlagsleitung: Harald Hof
Druck: Books on Demand GmbH, In de Tarpen 42, 22848 Norderstedt

Imprint
Publisher: BABADADA GmbH, Nedderfeld 112 , 22529 Hamburg, Germany
Managing Director / Publishing direction: Harald Hof
Print: Books on Demand GmbH, In de Tarpen 42, 22848 Norderstedt

l'école

school

diviser
divide

186/2

le tableau noir
board

la salle de classe
classroom

la cour de récréation
school yard

l'enseignant
teacher

le papier
paper

écrire
write

le stylo
pen

le bureau
desk

la règle
ruler

le livre
book

l'élève
pupil

le sac d'école

satchel

la trousse

pencil case

le crayon

pencil

le taille-crayon

pencil sharpener

la gomme

rubber

le carnet à dessin

drawing pad

le dessin

drawing

le pinceau

paintbrush

la boîte de peinture

paint box

les ciseaux

scissors

la colle

glue

le cahier d'exercices

exercise book

les tâches

homework

le chiffre

number

additionner

add

soustraire

subtract

multiplier

multiply

calculer

calculate

la lettre

letter

ABCDEFG
HIJKLMN
OPQRSTU
VWXYZ

l'alphabet

alphabet

le mot

word

l'école - school

3

le texte

text

lire

read

la craie

chalk

la leçon

lesson

le livre de classe

register

l'examen

examination

le certificat

certificate

l'uniforme scolaire

school uniform

la formation

education

le lexique

encyclopedia

l'université

university

le microscope

microscope

la carte

map

la corbeille à papier

waste-paper basket

l'hôtel
hotel

l'auberge
hostel

le bureau de change
currency exchange office

la valise
suitcase

la voiture
car

la langue

language

oui / non

yes / no

d'accord

Okay

Salut

hello

l'interprète

translator

merci

Thank you

Combien coûte...?

how much is...?

Je ne comprends pas

I don´t get it

le problème

problem

Bonsoir!

Good evening!

Bonjour!

Good morning!

Bonne nuit!

Good night!

Au revoir

goodbye

la direction

direction

les bagages

luggage

le sac

bag

le sac-à-dos

backpack

l'hôte

guest

la pièce

room

le sac de couchage

sleeping bag

la tente

tent

le voyage - travel

l'office de tourisme

tourist information

la plage

beach

la carte de crédit

credit card

le petit-déjeuner

breakfast

le déjeuner

lunch

le dîner

dinner

le billet

Ticket

l'ascenseur

elevator

le timbre

stamp

la frontière

border

la douane

customs

l'ambassade

embassy

le visa

visa

le passeport

passport

le voyage - travel

7

le transport
transport

l'avion
airplane

le navire
ship

le véhicule de pompiers
fire truck

le bus
bus

le camion
truck

le bateau à moteur
motorboat

la bicyclette
bike

la voiture
car

le ferry
ferry

la barque
boat

la moto
motorbike

la voiture de police
police car

la voiture de course
racing car

la voiture de location
rental car

l'autopartage

car sharing

la dépanneuse

tow truck

la benne à ordures

garbage truck

le moteur

engine

l'essence

fuel

la station d'essence

fuel station

le panneau indicateur

traffic sign

le trafic

traffic

l'embouteillage

traffic jam

le parking

parking lot

la gare

train station

les rails

tracks

le train

train

le tram

tram

le wagon

wagon

le transport - transport

l'hélicoptère

helicopter

l'aéroport

airport

la tour

tower

le passager

passenger

le container

container

le carton

carton

le chariot

cart

la corbeille

basket

décoller / atterrir

take off / land

la ville

city

le village

village

le centre-ville

city center

la maison

house

le cinéma
movie theater

la publicité
advert

le réverbère
street light

la rue
street

le taxi
taxi

le piéton
pedestrian

le kiosque
snack shop

le trottoir
sidewalk

le passage piéton
zebra crossing

la poubelle
dumpster

le carrefour
crossing

les feux de circulation
traffic lights

la cabane
hut

l'appartement
apartment

la gare
train station

la mairie
city hall

le musée
museum

l'école
school

l'université

university

la banque

bank

l'hôpital

hospital

l'hôtel

hotel

la pharmacie

pharmacy

le bureau

office

la librairie

book shop

le magasin

shop

le fleuriste

flower shop

le supermarché

supermarket

le marché

market

le grand magasin

department store

la poissonnerie

fishmonger's shop

le centre commercial

mall

le port

harbor

le parc

park

la banque

bench

le pont

bridge

les escaliers

stairs

le métro

subway

le tunnel

tunnel

l'arrêt de bus

bus stop

le bar

bar

le restaurant

restaurant

la boîte à lettres

postbox

le panneau indicateur

street sign

le parcomètre

parking meter

le zoo

zoo

le réverbère

swimming pool

la mosquée

mosque

la ferme

farm

la pollution

pollution

le cimetière

cemetery

l'église

church

l'aire de jeux

playground

le temple

temple

le paysage

landscape

la feuille
leaf

le panneau indicateur
signpost

le chemin
path

le pré
meadow

la pierre
stone

l'arbre
tree

le randonneur
hiker

la rivière
river

l'herbe
grass

la fleur
flower

la vallée

valley

la montagne

hill

le lac

lake

la forêt

forest

le désert

desert

le volcan

volcano

le château

castle

l'arc-en-ciel

rainbow

le champignon

mushroom

le palmier

palm tree

le moustique

mosquito

la mouche

fly

les fourmis

ant

l'abeille

bee

l'araignée

spider

le scarabée

beetle

la grenouille

frog

l'écureuil

squirrel

le hérisson

hedgehog

le lapin

hare

la chouette

owl

l'oiseau

bird

le cygne

swan

le sanglier

boar

le cerf

deer

l'élan

moose

le barrage

dam

l'éolienne

wind turbine

le panneau solaire

solar panel

le climat

climate

le serveur
waiter

le menu
menu

la chaise
chair

la soupe
soup

la pizza
pizza

les services
cutlery

la nappe
tablecloth

les hors d'œuvre
starter

le plat principal
main course

le dessert
dessert

les boissons
drinks

l'alimentation
food

la bouteille
bottle

le fast-food

fast food

les plats à emporter

street food

la théière

teapot

le sucrier

sugar bowl

la portion

portion

la machine à expresso

espresso machine

la chaise haute

high chair

la facture

bill

le plateau

tray

le couteau

knife

la fourchette

fork

la cuillère

spoon

la cuillère à thé

teaspoon

la serviette

serviette

le verre

glass

l'assiette

plate

l'assiette à soupe

soup plate

la soucoupe

saucer

la sauce

sauce

la salière

salt shaker

le moulin à poivre

pepper mill

le vinaigre

vinegar

l'huile

oil

les épices

spices

le ketchup

ketchup

la moutarde

mustard

la mayonnaise

mayonnaise

le supermarché
supermarket

l'offre promotionnelle
special offer

le client
customer

les produits laitiers
dairy products

les fruits
fruit

le caddie
shopping cart

la boucherie

butcher's shop

la boulangerie

bakery

peser

weigh

les légumes

vegetables

la viande

meat

les aliments surgelés

frozen food

la charcuterie

cold cuts

les conserves

canned food

la poudre à lessive

detergent

les bonbons

candy

les articles ménagers

household products

les détergents

cleaning products

la vendeuse

sales representative

la caisse

cash register

le caissier

cashier

la liste d'achats

shopping list

les heures d'ouverture

opening hours

le portefeuille

wallet

la carte de crédit

credit card

le sac

bag

le sac en plastique

plastic bag

l'eau

water

le jus de fruit

juice

le lait

milk

le coca

coke

le vin

wine

la bière

beer

l'alcool

alcohol

le chocolat chaud

cocoa

le thé

tea

le café

coffee

l'expresso

espresso

le cappuccino

cappuccino

la banane

banana

la pomme

apple

l'orange

orange

le melon

melon

le citron

lemon

la carotte

carrot

l'ail

garlic

le bambou

bamboo

l'oignon

onion

le champignon

mushroom

les noisettes

nuts

les pâtes

noodles

les spaghettis

spaghetti

le riz

rice

la salade

salad

les frites

fries

les pommes de terre rôties

fried potatoes

la pizza

pizza

le hamburger

hamburger

le sandwich

sandwich

l'escalope

escalope

le jambon

ham

le salami

salami

la saucisse

sausage

le poulet

chicken

le rôti

roast

le poisson

fish

les flocons d'avoine

porridge oats

le muesli

muesli

les cornflakes

cornflakes

la farine

flour

le croissant

croissant

les petits-pains

bread roll

le pain

bread

le pain grillé

toast

les biscuits

cookies

le beurre

butter

le fromage blanc

curd

le gâteau

cake

l'œuf

egg

l'œuf au plat

fried egg

le fromage

cheese

la glace

ice cream

le sucre

sugar

le miel

honey

la confiture

jelly

la crème nougat

nougat cream

le curry

curry

la ferme
farm house

la grange
barn

la botte de paille
straw bale

le champ
field

le cheval
horse

la remorque
trailer

le poulain
foal

le tracteur
tractor

l'âne
donkey

l'agneau
lamb

le mouton
sheep

la chèvre

goat

la vache

cow

le veau

calf

le porc

pig

le porcelet

piglet

le taureau

bull

l'oie
goose

le canard
duck

le poussin
chick

la poule
hen

le coq
cockerel

le rat
rat

le chat
cat

la souris
mouse

le bœuf
ox

le chien
dog

le chenil
dog house

le tuyau de jardin
garden hose

l'arrosoir
watering can

la faucheuse
scythe

la charrue
plow

la faucille

sickle

la pioche

hoe

la fourche

pitchfork

la hache

axe

la brouette

pushcart

la cuve

trough

le pot à lait

milk can

le sac

sack

la clôture

fence

l'étable

stable

la serre

greenhouse

le sol

soil

les semences

seed

l'engrais

fertilizer

la moissonneuse-batteuse

combine harvester

récolter

harvest

la récolte

harvest

l'igname

yams

le blé

wheat

le soja

soya

la pomme de terre

potato

le maïs

corn

le colza

rapeseed

l'arbre fruitier

fruit tree

le manioc

manioc

les céréales

grain

la maison
house

la cheminée
chimney

le toit
roof

la gouttière
downspout

la fenêtre
window

le garage
garage

la sonnette
doorbell

la porte
door

la poubelle
trash can

la boîte aux lettres
mailbox

le jardin
garden

le salon
living room

la chambre de bain
bathroom

la cuisine
kitchen

la chambre à coucher
bedroom

la chambre d'enfant
kids room

la salle à manger
dining room

le sol

floor

le mur

wall

le plafond

ceiling

la cave

cellar

le sauna

sauna

le balcon

balcony

la terrasse

terrace

la piscine

pool

la tondeuse à gazon

lawn mower

la fourre de duvet

sheet

la couette

bedspread

le lit

bed

le balai

broom

le sceau

bucket

l'interrupteur

switch

le papier peint
wallpaper

l'image
picture

la lampe
lamp

l'étagère
shelf

l'armoire
cabinet

la cheminée
fireplace

la télé
television

la fleur
flower

le coussin
cushion

le vase
vase

le canapé
sofa

la télécommande
remote control

le tapis
carpet

le rideau
drape

la table
table

la chaise
chair

la chaise à bascule
rocking chair

le fauteuil
armchair

le livre

book

la couverture

blanket

la décoration

decoration

le bois de chauffage

firewood

le film

film

la chaîne hi-fi

stereo system

la clé

key

le journal

newspaper

la peinture

painting

le poster

poster

la radio

radio

le bloc-notes

notebook

l'aspirateur

vacuum cleaner

le cactus

cactus

la bougie

candle

le frigo
fridge

le four à micro-ondes
microwave oven

la balance de cuisine
kitchen scales

le toasteur
toaster

le détergent
laundry detergent

le four
stove

le compartiment congélateur
freezer

la poubelle
trash can

le lave-vaisselle
dishwasher

le four
cooker

la casserole
pot

la marmite
cast-iron pot

le wok/kadai
wok / kadai

la poêle
pan

la bouilloire électrique
kettle

le cuiseur vapeur

steamer

la plaque de cuisson

baking tray

la vaisselle

crockery

le gobelet

mug

le bol

bowl

les baguettes

chopsticks

la louche

ladle

la spatule

spatula

le fouet

whisk

la passoire

strainer

le tamis

sieve

la râpe

grater

le mortier

mortar

le barbecue

barbecue

la cheminée

fireplace

la cuisine - kitchen

la planche à découper

chopping board

le rouleau à pâtisserie

rolling pin

le tire-bouchon

corkscrew

la boîte

can

l'ouvre-boîte

can opener

les maniques

oven cloth

le lavabo

sink

la brosse

brush

l'éponge

sponge

le mixeur

blender

le congélateur

deep freezer

le biberon

baby bottle

le robinet

tap

la chambre de bain

bathroom

le chauffage
heating

la douche
shower

la serviette
towel

le rideau de douche
shower curtain

le bain moussant
bubble bath

la baignoire
bathtub

le verre
glass

la machine à laver
washing machine

le robinet
tap

le carrelage
tiles

le pot
potty

le lavabo
sink

les toilettes
toilet

la toilette à la turque
squat toilet

le bidet
bidet

l'urinoir
urinal

le papier toilette
toilet paper

la brosse à toilette
toilet brush

la brosse à dents

toothbrush

le dentifrice

toothpaste

le fil dentaire

dental floss

laver

wash

la douche manuelle

hand shower

la douche intime

douche

la vasque

basin

la brosse dorsale

back brush

le savon

soap

le gel douche

shower gel

le shampooing

shampoo

le gant de toilette

flannel

l'écoulement

drain

la crème

creme

le déodorant

deodorant

le miroir

mirror

le miroir cosmétique

hand mirror

le rasoir

razor

la mousse à raser

shaving foam

l'après-rasage

aftershave

la peigne

comb

la brosse

brush

le sèche-cheveux

hair-dryer

la laque pour cheveux

hairspray

le fond de teint

makeup

le rouge à lèvres

lipstick

le vernis à ongles

nail varnish

l'ouate

cotton wool

le coupe-ongles

nail scissors

le parfum

perfume

la trousse de toilette

washbag

le tabouret

stool

la balance

weighing scales

le peignoir

bathrobe

les gants de nettoyage

rubber gloves

le tampon

tampon

les serviettes hygiéniques

sanitary towel

la toilette chimique

chemical toilet

la chambre d'enfant
kids room

le réveil
alarm clock

le doudou
cuddly toy

la voiture jouet
toy car

le hochet
rattle

la maison de poupée
doll's house

le cadeau
present

le ballon
balloon

le lit
bed

la poussette
stroller

le jeu de cartes
deck of cards

le puzzle
jigsaw

la bande dessinée
comic

les pièces lego

lego bricks

les blocs de construction

toy blocks

la figurine

action figure

la grenouillère

romper suit

le frisbee

frisbee

le mobile

mobile

le jeu de société

board game

le dé

dice

le train miniature

model train set

la sucette

pacifier

la fête

party

le livre d'images

picture book

la balle

ball

la poupée

doll

jouer

play

le bac à sable

sandpit

la balançoire

swing

les jouets

toys

la console de jeu

video game console

le tricycle

tricycle

l'ours en peluche

teddy bear

l'armoire

wardrobe

les vêtements

clothing

les chaussettes

socks

les bas

stockings

le collant

tights

l'écharpe
scarf

le parapluie
umbrella

le t-shirt
t-shirt

la ceinture
belt

les bottes
boots

les pantoufles
slippers

les baskets
sneakers

les sandales
sandals

les chaussures
shoes

les bottes de caoutchouc
rubber boots

le linge de corps
underwear

le soutien-gorge
bra

le maillot de corps
undershirt

les vêtements - clothing   45

le body

body

le pantalon

pants

le jean

jeans

la jupe

skirt

le chemisier

blouse

la chemise

shirt

le pull

pullover

le pull-over à capuche

sweater

la veste

blazer

la veste

jacket

le manteau

coat

l'imperméable

raincoat

le costume

costume

la robe

dress

la robe de mariée

wedding dress

le costume

suit

la chemise de nuit

nightgown

le pyjama

pajamas

le sari

sari

le foulard

headscarf

le turban

turban

la burqa

burka

le caftan

kaftan

l'abaya

abaya

le maillot de bain

swimsuit

le costume de bain

trunks

les cuissettes

shorts

la tenue d'entraînement

tracksuit

le tablier

apron

les gants

gloves

le bouton

button

les lunettes

glasses

le bracelet

bracelet

le collier

necklace

la bague

ring

la boucle d'oreille

earring

le bonnet

cap

le cintre

coat hanger

le chapeau

hat

la cravate

tie

la fermeture éclair

zip

le casque

helmet

les bretelles

braces

l'uniforme scolaire

school uniform

l'uniforme

uniform

le bavoir
bib

la sucette
pacifier

la couche
diaper

le bureau
office

le serveur
server

l'armoire d'archivage
filing cabinet

l'imprimante
printer

l'écran
monitor

le papier
paper

le bureau
desk

la souris
mouse

le classeur
folder

le clavier
keyboard

la corbeille à papier
waste-paper basket

l'ordinateur
computer

la chaise
chair

la tasse à café
coffee mug

la calculatrice
calculator

l'internet
internet

le bureau - office

49

l'ordinateur portable
laptop

la lettre
letter

le message
message

le portable
cell phone

le réseau
network

la photocopieuse
photocopier

le logiciel
software

le téléphone
telephone

la prise
plug socket

le fax
fax machine

le formulaire
form

le document
document

acheter

buy

payer

pay

marchander

trade

la monnaie

money

USD

le dollar

dollar

EUR

l'euro

euro

JPY

le yen

yen

RUB

le rouble

rouble

CHF

le franc suisse

Swiss franc

CNY

le renminbi yuan

renminbi yuan

INR

la roupie

rupee

le distributeur automatique

cash point

le bureau de change

currency exchange office

l'or

gold

l'argent

silver

le pétrole

oil

l'énergie

energy

le prix

price

le contrat

contract

la taxe

tax

l'action

stock

travailler

work

l'employé

employee

l'employeur

employer

l'usine

factory

le magasin

shop

l'agent de police
police officer

le pompier
fireman

le cuisinier
cook

le médecin
doctor

le pilote
pilot

le jardinier

gardener

le menuisier

carpenter

la couturière

seamstress

le juge

judge

le chimiste

chemist

l'acteur

actor

le conducteur de bus

bus driver

le chauffeur de taxi

taxi driver

le pêcheur

fisherman

la femme de ménage

cleaning lady

le couvreur

roofer

le serveur

waiter

le chasseur

hunter

le peintre

painter

le boulanger

baker

l'électricien

electrician

l'ouvrier

builder

l'ingénieur

engineer

le boucher

butcher

le plombier

plumber

le facteur

postman

le soldat

soldier

l'architecte

architect

le caissier

cashier

le fleuriste

florist

le coiffeur

hairdresser

le contrôleur

conductor

le mécanicien

mechanic

le capitaine

captain

le dentiste

dentist

le scientifique

scientist

le rabbin

rabbi

l'imam

imam

le moine

monk

le prêtre

pastor

le marteau
hammer

les pinces
pliers

le tournevis
screwdriver

la clé
wrench

la torche
torch

la pelleteuse

excavator

la boîte à outils

toolbox

l'échelle

ladder

la scie

saw

les clous

nails

la perceuse

drill

réparer

repair

la pelle

shovel

Mince!

Damn!

la pelle

dustpan

le pot de peinture

paint can

les vis

screws

les instruments de musique
musical instruments

la batterie
drum set

le haut-parleur
loud speaker

la guitare
guitar

la contrebasse
double bass

la trompette
trumpet

le piano

piano

le violon

violin

la basse

bass

les timbales

timpani

le tambour

drums

le piano électrique

keyboard

le saxophone

saxophone

la flûte

flute

le microphone

microphone

l'entrée
entrance

le tigre
tiger

la cage
cage

le zèbre
zebra

l'alimentation animale
animal feed

le panda
panda

les animaux
animals

l'éléphant
elephant

le kangourou
kangaroo

le rhinocéros
rhino

le gorille
gorilla

l'ours
bear

le chameau

camel

l'autruche

ostrich

le lion

lion

le singe

monkey

le flamand rose

flamingo

le perroquet

parrot

l'ours polaire

polar bear

le pingouin

penguin

le requin

shark

le paon

peacock

le serpent

snake

le crocodile

crocodile

le gardien de zoo

zookeeper

le phoque

seal

le jaguar

jaguar

le poney

pony

le léopard

leopard

l'hippopotame

hippo

la girafe

giraffe

l'aigle

eagle

le sanglier

boar

le poisson

fish

la tortue

turtle

le morse

walrus

le renard

fox

la gazelle

gazelle

les sports
sports

l'american Football
American football

le cyclisme
cycling

le tennis
tennis

le basket-ball
basketball

la natation
swimming

la boxe
boxing

le hockey sur glace
ice hockey

le football
soccer

le badminton
badminton

l'athlétisme
athletics

le handball
handball

le ski
skiing

le polo
polo

sauter / jump

rire / laugh

embrasser / hug

marcher / walk

chanter / sing

prier / pray

faire la bise / kiss

rêver / dream

écrire
write

dessiner
draw

montrer
show

pousser
push

donner
give

prendre
take

avoir	faire	être
have	do	be

être debout	courir	trier
stand	run	pull

jeter	tomber	être couché
throw	fall	lie

attendre	porter	être assis
wait	carry	sit

s'habiller	dormir	se réveiller
get dressed	sleep	wake up

regarder

look at

pleurer

cry

caresser

stroke

peigner

comb

parler

talk

comprendre

understand

demander

ask

écouter

listen

boire

drink

manger

eat

ranger

tidy up

aimer

love

cuire

cook

conduire

drive

voler

fly

faire de la voile

sail

calculer

calculate

lire

read

apprendre

learn

travailler

work

se marier

marry

coudre

sew

se brosser les dents

brush teeth

tuer

kill

fumer

smoke

envoyer

send

a grand-mère
randmother

le grand-père
grandfather

le père
father

la mère
mother

le bébé
baby

la fille
daughter

le fils
son

l'hôte

guest

la tante

aunt

l'oncle

uncle

le frère

brother

la sœur

sister

le corps

body

le front
forehead

l'œil
eye

l'épaule
shoulder

le doigt
finger

le visage
face

le menton
chin

la main
hand

la poitrine
breast

la jambe
leg

le bras
arm

le bébé
baby

l'homme
man

la femme
woman

la fille
girl

le garçon
boy

la tête
head

le dos

back

le ventre

belly

le nombril

navel

l'orteil

toe

le talon

heel

l'os

bone

la hanche

hip

le genou

knee

le coude

elbow

le nez

nose

les fesses

buttocks

la peau

skin

la joue

cheek

l'oreille

ear

la lèvre

lip

le corps - body

69

la bouche

mouth

la dent

tooth

la langue

tongue

le cerveau

brain

le cœur

heart

le muscle

muscle

les poumons

lung

le foie

liver

l'estomac

stomach

les reins

kidneys

le rapport sexuel

sex

le préservatif

condom

l'ovule

ovum

le sperme

semen

la grossesse

pregnancy

la menstruation

menstruation

le vagin

vagina

le pénis

penis

le sourcil

eyebrow

les cheveux

hair

le cou

neck

l'hôpital

hospital

l'hôpital
hospital

l'ambulance
ambulance

le fauteuil roulant
wheelchair

la fracture
fracture

le médecin
doctor

le service des urgences
emergency room

l'infirmière
nurse

l'urgence
emergency

inconscient
unconscious

la douleur
pain

la blessure

injury

l'hémorragie

bleeding

la crise cardiaque

heart attack

l'attaque cérébrale

stroke

l'allergie

allergy

la toux

cough

la fièvre

fever

la grippe

flu

la diarrhée

diarrhea

le mal de tête

headache

le cancer

cancer

le diabète

diabetes

le chirurgien

surgeon

le scalpel

scalpel

l'opération

operation

le CT

CT

la radiographie

x-ray

l'échographie

ultrasound

le masque

face mask

la maladie

disease

la salle d'attente

waiting room

la béquille

crutch

le pansement

plaster

le pansement

bandage

l'injection

injection

le stéthoscope

stethoscope

le brancard

stretcher

le thermomètre

clinical thermometer

l'accouchement

birth

le surpoids

overweight

l'appareil auditif

hearing aid

le désinfectant

disinfectant

l'infection

infection

le virus

virus

le VIH / le sida

HIV / AIDS

le médicament

medicine

la vaccination

vaccination

les tablettes

tablets

la pilule

pill

l'appel d'urgence

emergency call

le tensiomètre

blood pressure monitor

malade / sain

ill / healthy

Au secours!

Help!

l'alarme

alarm

l'agression

assault

l'attaque

attack

le danger

danger

la sortie de secours

emergency exit

Au feu!

Fire!

l'extincteur

fire extinguisher

l'accident

accident

la trousse de premier secours

first-aid kit

SOS

SOS

la police

police

l'Europe

Europe

l'Amérique du Nord

North America

l'Amérique du Sud

South America

l'Afrique

Africa

l'Asie

Asia

l'Australie

Australia

l'Océan atlantique

Atlantic

l'Océan pacifique

Pacific

l'Océan indien

Indian Ocean

l'Océan antarctique

Antarctic Ocean

l'Océan arctique

Arctic Ocean

le Pôle nord

North pole

le Pôle sud

South pole

l'Antarctique

Antarctica

la terre

earth

le pays

land

la mer

sea

l'île

island

la nation

nation

l'état

state

le cadran

clock face

l'aiguille des heures

hour hand

l'aiguille des minutes

minute hand

l'aiguille des secondes

second hand

Quelle heure est-il?

What time is it?

le jour

day

le temps

time

maintenant

now

la montre digitale

digital watch

la minute

minute

l'heure

hour

la semaine

week

lundi / Monday
mardi / Tuesday
mercredi / Wednesday
jeudi / Thursday
vendredi / Friday
samedi / Saturday
dimanche / Sunday

hier

yesterday

aujourd'hui

today

demain

tomorrow

le matin

morning

le midi

noon

le soir

evening

les jours ouvrables

workdays

le week-end

weekend

la pluie
rain

l'arc-en-ciel
rainbow

la neige
snow

le vent
wind

le printemps
spring

l'automne
fall

l'été
summer

l'hiver
winter

la météo

weather forecast

le thermomètre

thermometer

la lumière du soleil

sunshine

le nuage

cloud

le brouillard

fog

l'humidité

humidity

l'année - year

la foudre

lightning

le tonnerre

thunder

la tempête

storm

la grêle

hail

la mousson

monsoon

l'inondation

flood

la glace

ice

janvier

January

février

February

mars

March

avril

April

mai

May

juin

June

juillet

July

août

August

septembre

September

octobre

October

novembre

November

décembre

December

les formes
shapes

le cercle

circle

le carré

square

le rectangle

rectangle

le triangle

triangle

la sphère

sphere

le cube

cube

colors

blanc

white

jaune

yellow

orange

orange

rose

pink

rouge

red

violet

purple

bleu

blue

vert

green

marron

brown

gris

gray

noir

black

beaucoup / peu

a lot / a little

fâché / calme

angry / calm

joli / laid

beautiful / ugly

le début / la fin

beginning / end

grand / petit

big / small

clair / obscure

bright / dark

le frère / la sœur

brother / sister

propre / sale

clean / dirty

complet / incomplet

complete / incomplete

le jour / la nuit

day / night

mort / vivant

dead / alive

large / étroit

wide / narrow

comestible / incomestible

edible / inedible

méchant / gentil

evil / kind

excité / ennuyé

excited / bored

gros / mince

fat / thin

le premier / le dernier

first / last

l'ami / l'ennemi

friend / enemy

plein / vide

full / empty

dur / souple

hard / soft

lourd / léger

heavy / light

faim / soif

hunger / thirst

malade / sain

ill / healthy

illégal / légal

illegal / legal

intelligent / stupide

intelligent / stupid

gauche / droite

left / right

proche / loin

near / far

nouveau / usé

new / used

rien / quelque chose

nothing / something

vieux / jeune

old / young

marche / arrêt

on / off

ouvert / fermé

open / closed

faible / fort

quiet / loud

riche / pauvre

rich / poor

correct / incorrect

right / wrong

rugueux / lisse

rough / smooth

triste / heureux

sad / happy

court / long

short / long

lent / rapide

slow / fast

mouillé / sec

wet / dry

chaud / froid

warm / cool

la guerre / la paix

war / peace

les nombres
numbers

0

zéro

zero

1

un

one

2

deux

two

3

trois

three

4

quatre

four

5

cinq

five

6

six

six

7

sept

seven

8

huit

eight

9

neuf

nine

10

dix

ten

11

onze

eleven

12

douze

twelve

13

treize

thirteen

14

quatorze

fourteen

15

quinze

fifteen

16

seize

sixteen

17

dix-sept

seventeen

18

dix-huit

eighteen

19

dix-neuf

nineteen

20

vingt

twenty

100

cent

hundred

1.000

mille

thousand

1.000.000

le million

million

les langues
languages

l'anglais

English

l'anglais américain

American English

le chinois mandarin

Chinese Mandarin

le hindi

Hindi

l'espagnol

Spanish

le français

French

l'arabe

Arabic

le russe

Russian

le portugais

Portuguese

le bengali

Bengali

l'allemand

German

le japonais

Japanese

je

I

tu

you

il / elle

he / she / it

nous

we

vous

you

ils / elles

they

qui?

who?

quoi?

what?

comment?

how?

où?

where?

quand?

when?

le nom

name

derrière

behind

dans

in

devant

in front of

au-dessus

over

sur

on

en-dessous

under

à côté de

beside

entre

between

le lieu

place